AF380600

This planner belongs to

____
____
____
____
____
____

AT A GLANCE

	JANUARY	FEBRUARY	MARCH	APRIL	MAY	JUNE
1	FRI	MON	MON	THU	SAT	TUE
2	SAT	TUE	TUE	FRI	SUN	WED
3	SUN	WED	WED	SAT	MON	THU
4	MON	THU	THU	SUN	TUE	FRI
5	TUE	FRI	FRI	MON	WED	SAT
6	WED	SAT	SAT	TUE	THU	SUN
7	THU	SUN	SUN	WED	FRI	MON
8	FRI	MON	MON	THU	SAT	TUE
9	SAT	TUE	TUE	FRI	SUN	WED
10	SUN	WED	WED	SAT	MON	THU
11	MON	THU	THU	SUN	TUE	FRI
12	TUE	FRI	FRI	MON	WED	SAT
13	WED	SAT	SAT	TUE	THU	SUN
14	THU	SUN	SUN	WED	FRI	MON
15	FRI	MON	MON	THU	SAT	TUE
16	SAT	TUE	TUE	FRI	SUN	WED
17	SUN	WED	WED	SAT	MON	THU
18	MON	THU	THU	SUN	TUE	FRI
19	TUE	FRI	FRI	MON	WED	SAT
20	WED	SAT	SAT	TUE	THU	SUN
21	THU	SUN	SUN	WED	FRI	MON
22	FRI	MON	MON	THU	SAT	TUE
23	SAT	TUE	TUE	FRI	SUN	WED
24	SUN	WED	WED	SAT	MON	THU
25	MON	THU	THU	SUN	TUE	FRI
26	TUE	FRI	FRI	MON	WED	SAT
27	WED	SAT	SAT	TUE	THU	SUN
28	THU	SUN	SUN	WED	FRI	MON
29	FRI		MON	THU	SAT	TUE
30	SAT		TUE	FRI	SUN	WED
31	SUN		WED		MON	

2021

JULY	AUGUST	SEPTEMBER	OCTOBER	NOVEMBER	DECEMBER	
THU	SUN	WED	FRI	MON	WED	1
FRI	MON	THU	SAT	TUE	THU	2
SAT	TUE	FRI	SUN	WED	FRI	3
SUN	WED	SAT	MON	THU	SAT	4
MON	THU	SUN	TUE	FRI	SUN	5
TUE	FRI	MON	WED	SAT	MON	6
WED	SAT	TUE	THU	SUN	TUE	7
THU	SUN	WED	FRI	MON	WED	8
FRI	MON	THU	SAT	TUE	THU	9
SAT	TUE	FRI	SUN	WED	FRI	10
SUN	WED	SAT	MON	THU	SAT	11
MON	THU	SUN	TUE	FRI	SUN	12
TUE	FRI	MON	WED	SAT	MON	13
WED	SAT	TUE	THU	SUN	TUE	14
THU	SUN	WED	FRI	MON	WED	15
FRI	MON	THU	SAT	TUE	THU	16
SAT	TUE	FRI	SUN	WED	FRI	17
SUN	WED	SAT	MON	THU	SAT	18
MON	THU	SUN	TUE	FRI	SUN	19
TUE	FRI	MON	WED	SAT	MON	20
WED	SAT	TUE	THU	SUN	TUE	21
THU	SUN	WED	FRI	MON	WED	22
FRI	MON	THU	SAT	TUE	THU	23
SAT	TUE	FRI	SUN	WED	FRI	24
SUN	WED	SAT	MON	THU	SAT	25
MON	THU	SUN	TUE	FRI	SUN	26
TUE	FRI	MON	WED	SAT	MON	27
WED	SAT	TUE	THU	SUN	TUE	28
THU	SUN	WED	FRI	MON	WED	29
FRI	MON	THU	SAT	TUE	THU	30
SAT	TUE		SUN		FRI	31

AT A GLANCE

	JANUARY	FEBRUARY	MARCH	APRIL	MAY	JUNE
1	SAT	TUE	TUE	FRI	SUN	WED
2	SUN	WED	WED	SAT	MON	THU
3	MON	THU	THU	SUN	TUE	FRI
4	TUE	FRI	FRI	MON	WED	SAT
5	WED	SAT	SAT	TUE	THU	SUN
6	THU	SUN	SUN	WED	FRI	MON
7	FRI	MON	MON	THU	SAT	TUE
8	SAT	TUE	TUE	FRI	SUN	WED
9	SUN	WED	WED	SAT	MON	THU
10	MON	THU	THU	SUN	TUE	FRI
11	TUE	FRI	FRI	MON	WED	SAT
12	WED	SAT	SAT	TUE	THU	SUN
13	THU	SUN	SUN	WED	FRI	MON
14	FRI	MON	MON	THU	SAT	TUE
15	SAT	TUE	TUE	FRI	SUN	WED
16	SUN	WED	WED	SAT	MON	THU
17	MON	THU	THU	SUN	TUE	FRI
18	TUE	FRI	FRI	MON	WED	SAT
19	WED	SAT	SAT	TUE	THU	SUN
20	THU	SUN	SUN	WED	FRI	MON
21	FRI	MON	MON	THU	SAT	TUE
22	SAT	TUE	TUE	FRI	SUN	WED
23	SUN	WED	WED	SAT	MON	THU
24	MON	THU	THU	SUN	TUE	FRI
25	TUE	FRI	FRI	MON	WED	SAT
26	WED	SAT	SAT	TUE	THU	SUN
27	THU	SUN	SUN	WED	FRI	MON
28	FRI	MON	MON	THU	SAT	TUE
29	SAT		TUE	FRI	SUN	WED
30	SUN		WED	SAT	MON	THU
31	MON		THU		TUE	

2022

JULY	AUGUST	SEPTEMBER	OCTOBER	NOVEMBER	DECEMBER	
FRI	MON	THU	SAT	TUE	THU	1
SAT	TUE	FRI	SUN	WED	FRI	2
SUN	WED	SAT	MON	THU	SAT	3
MON	THU	SUN	TUE	FRI	SUN	4
TUE	FRI	MON	WED	SAT	MON	5
WED	SAT	TUE	THU	SUN	TUE	6
THU	SUN	WED	FRI	MON	WED	7
FRI	MON	THU	SAT	TUE	THU	8
SAT	TUE	FRI	SUN	WED	FRI	9
SUN	WED	SAT	MON	THU	SAT	10
MON	THU	SUN	TUE	FRI	SUN	11
TUE	FRI	MON	WED	SAT	MON	12
WED	SAT	TUE	THU	SUN	TUE	13
THU	SUN	WED	FRI	MON	WED	14
FRI	MON	THU	SAT	TUE	THU	15
SAT	TUE	FRI	SUN	WED	FRI	16
SUN	WED	SAT	MON	THU	SAT	17
MON	THU	SUN	TUE	FRI	SUN	18
TUE	FRI	MON	WED	SAT	MON	19
WED	SAT	TUE	THU	SUN	TUE	20
THU	SUN	WED	FRI	MON	WED	21
FRI	MON	THU	SAT	TUE	THU	22
SAT	TUE	FRI	SUN	WED	FRI	23
SUN	WED	SAT	MON	THU	SAT	24
MON	THU	SUN	TUE	FRI	SUN	25
TUE	FRI	MON	WED	SAT	MON	26
WED	SAT	TUE	THU	SUN	TUE	27
THU	SUN	WED	FRI	MON	WED	28
FRI	MON	THU	SAT	TUE	THU	29
SAT	TUE	FRI	SUN	WED	FRI	30
SUN	WED		MON		SAT	31

<table>
<tr><td>**28** MONDAY</td><td>**29** TUESDAY</td><td>**30** WEDNESDAY</td><td>**31** THURSDAY</td></tr>
</table>

28 MONDAY	29 TUESDAY	30 WEDNESDAY	31 THURSDAY
7	7	7	7
8	8	8	8
9	9	9	9
10	10	10	10
11	11	11	11
12 PM	12 PM	12 PM	12 PM
1	1	1	1
2	2	2	2
3	3	3	3
4	4	4	4
5	5	5	5
6	6	6	6
7	7	7	7
8	8	8	8
9	9	9	9

1 FRIDAY

2 SATURDAY

3 SUNDAY

Friday 1

7
8
9
10
11
12 PM
1
2
3
4
5
6
7
8
9

Saturday 2

7
8
9
10
11
12 PM
1
2
3
4
5
6
7
8
9

Sunday 3

7
8
9
10
11
12 PM
1
2
3
4
5
6
7
8
9

Notes

To-Do

- ○
- ○
- ○
- ○
- ○
- ○
- ○
- ○
- ○
- ○
- ○
- ○
- ○
- ○
- ○

4 MONDAY | 5 TUESDAY | 6 WEDNESDAY | 7 THURSDAY

4 MONDAY	5 TUESDAY	6 WEDNESDAY	7 THURSDAY
7	7	7	7
8	8	8	8
9	9	9	9
10	10	10	10
11	11	11	11
12 PM	12 PM	12 PM	12 PM
1	1	1	1
2	2	2	2
3	3	3	3
4	4	4	4
5	5	5	5
6	6	6	6
7	7	7	7
8	8	8	8
9	9	9	9

8 FRIDAY

9 SATURDAY

10 SUNDAY

8 FRIDAY	9 SATURDAY	10 SUNDAY
7	7	7
8	8	8
9	9	9
10	10	10
11	11	11
12 PM	12 PM	12 PM
1	1	1
2	2	2
3	3	3
4	4	4
5	5	5
6	6	6
7	7	7
8	8	8
9	9	9

Notes

To-Do

- ○
- ○
- ○
- ○
- ○
- ○
- ○
- ○
- ○
- ○
- ○
- ○
- ○

11 MONDAY

7
8
9
10
11
12 PM
1
2
3
4
5
6
7
8
9

12 TUESDAY

7
8
9
10
11
12 PM
1
2
3
4
5
6
7
8
9

13 WEDNESDAY

7
8
9
10
11
12 PM
1
2
3
4
5
6
7
8
9

14 THURSDAY

7
8
9
10
11
12 PM
1
2
3
4
5
6
7
8
9

15 FRIDAY

16 SATURDAY

17 SUNDAY

15 FRIDAY	16 SATURDAY	17 SUNDAY
7	7	7
8	8	8
9	9	9
10	10	10
11	11	11
12 PM	12 PM	12 PM
1	1	1
2	2	2
3	3	3
4	4	4
5	5	5
6	6	6
7	7	7
8	8	8
9	9	9

Notes

To-Do

18 MONDAY   19 TUESDAY   20 WEDNESDAY   21 THURSDAY

18 MONDAY	19 TUESDAY	20 WEDNESDAY	21 THURSDAY
7	7	7	7
8	8	8	8
9	9	9	9
10	10	10	10
11	11	11	11
12 PM	12 PM	12 PM	12 PM
1	1	1	1
2	2	2	2
3	3	3	3
4	4	4	4
5	5	5	5
6	6	6	6
7	7	7	7
8	8	8	8
9	9	9	9

22 FRIDAY

23 SATURDAY

24 SUNDAY

22 FRIDAY	23 SATURDAY	24 SUNDAY
7	7	7
8	8	8
9	9	9
10	10	10
11	11	11
12 PM	12 PM	12 PM
1	1	1
2	2	2
3	3	3
4	4	4
5	5	5
6	6	6
7	7	7
8	8	8
9	9	9

Notes

To-Do

25 MONDAY | 26 TUESDAY | 27 WEDNESDAY | 28 THURSDAY

25 MONDAY	26 TUESDAY	27 WEDNESDAY	28 THURSDAY
7	7	7	7
8	8	8	8
9	9	9	9
10	10	10	10
11	11	11	11
12 PM	12 PM	12 PM	12 PM
1	1	1	1
2	2	2	2
3	3	3	3
4	4	4	4
5	5	5	5
6	6	6	6
7	7	7	7
8	8	8	8
9	9	9	9

29   FRIDAY

30   SATURDAY

31   SUNDAY

29 FRIDAY	30 SATURDAY	31 SUNDAY
7	7	7
8	8	8
9	9	9
10	10	10
11	11	11
12 PM	12 PM	12 PM
1	1	1
2	2	2
3	3	3
4	4	4
5	5	5
6	6	6
7	7	7
8	8	8
9	9	9

Notes

To-Do

1 MONDAY   2 TUESDAY   3 WEDNESDAY   4 THURSDAY

1 MONDAY	2 TUESDAY	3 WEDNESDAY	4 THURSDAY
7	7	7	7
8	8	8	8
9	9	9	9
10	10	10	10
11	11	11	11
12 PM	12 PM	12 PM	12 PM
1	1	1	1
2	2	2	2
3	3	3	3
4	4	4	4
5	5	5	5
6	6	6	6
7	7	7	7
8	8	8	8
9	9	9	9

5 FRIDAY

6 SATURDAY

7 SUNDAY

5 FRIDAY	6 SATURDAY	7 SUNDAY
7	7	7
8	8	8
9	9	9
10	10	10
11	11	11
12 PM	12 PM	12 PM
1	1	1
2	2	2
3	3	3
4	4	4
5	5	5
6	6	6
7	7	7
8	8	8
9	9	9

Notes

To-Do

○
○
○
○
○
○
○
○
○
○
○
○
○
○
○

8 MONDAY

9 TUESDAY

10 WEDNESDAY

11 THURSDAY

7

8

9

10

11

12 PM

1

2

3

4

5

6

7

8

9

12 FRIDAY

13 SATURDAY

14 SUNDAY

Notes

12 FRIDAY	13 SATURDAY	14 SUNDAY
7	7	7
8	8	8
9	9	9
10	10	10
11	11	11
12 PM	12 PM	12 PM
1	1	1
2	2	2
3	3	3
4	4	4
5	5	5
6	6	6
7	7	7
8	8	8
9	9	9

To-Do

15 MONDAY

7

8

9

10

11

12 PM

1

2

3

4

5

6

7

8

9

16 TUESDAY

7

8

9

10

11

12 PM

1

2

3

4

5

6

7

8

9

17 WEDNESDAY

7

8

9

10

11

12 PM

1

2

3

4

5

6

7

8

9

18 THURSDAY

7

8

9

10

11

12 PM

1

2

3

4

5

6

7

8

9

19 FRIDAY

20 SATURDAY

21 SUNDAY

19 FRIDAY	20 SATURDAY	21 SUNDAY
7	7	7
8	8	8
9	9	9
10	10	10
11	11	11
12 PM	12 PM	12 PM
1	1	1
2	2	2
3	3	3
4	4	4
5	5	5
6	6	6
7	7	7
8	8	8
9	9	9

Notes

To Do

<table>
<tr><td>22 MONDAY</td><td>23 TUESDAY</td><td>24 WEDNESDAY</td><td>25 THURSDAY</td></tr>
</table>

22 MONDAY	23 TUESDAY	24 WEDNESDAY	25 THURSDAY
7	7	7	7
8	8	8	8
9	9	9	9
10	10	10	10
11	11	11	11
12 PM	12 PM	12 PM	12 PM
1	1	1	1
2	2	2	2
3	3	3	3
4	4	4	4
5	5	5	5
6	6	6	6
7	7	7	7
8	8	8	8
9	9	9	9

26 FRIDAY

27 SATURDAY

28 SUNDAY

Notes

7

8

9

10

11

12 PM

1

2

3

To Do

1 MONDAY

7
8
9
10
11
12 PM
1
2
3
4
5
6
7
8
9

2 TUESDAY

7
8
9
10
11
12 PM
1
2
3
4
5
6
7
8
9

3 WEDNESDAY

7
8
9
10
11
12 PM
1
2
3
4
5
6
7
8
9

4 THURSDAY

7
8
9
10
11
12 PM
1
2
3
4
5
6
7
8
9

5 FRIDAY

6 SATURDAY

7 SUNDAY

5 FRIDAY	6 SATURDAY	7 SUNDAY
7	7	7
8	8	8
9	9	9
10	10	10
11	11	11
12 PM	12 PM	12 PM
1	1	1
2	2	2
3	3	3
4	4	4
5	5	5
6	6	6
7	7	7
8	8	8
9	9	9

Notes

To-Do

○
○
○
○
○
○
○
○
○
○
○
○
○
○

8 MONDAY

7

8

9

10

11

12 PM

1

2

3

4

5

6

7

8

9

9 TUESDAY

7

8

9

10

11

12 PM

1

2

3

4

5

6

7

8

9

10 WEDNESDAY

7

8

9

10

11

12 PM

1

2

3

4

5

6

7

8

9

11 THURSDAY

7

8

9

10

11

12 PM

1

2

3

4

5

6

7

8

9

12 FRIDAY

7

8

9

10

11

12 PM

1

2

3

4

5

6

7

8

9

13 SATURDAY

7

8

9

10

11

12 PM

1

2

3

4

5

6

7

8

9

14 SUNDAY

7

8

9

10

11

12 PM

1

2

3

4

5

6

7

8

9

Notes

To-Do

○
○
○
○
○
○
○
○
○
○
○
○
○
○

15 MONDAY | 16 TUESDAY | 17 WEDNESDAY | 18 THURSDAY

15 MONDAY	16 TUESDAY	17 WEDNESDAY	18 THURSDAY
7	7	7	7
8	8	8	8
9	9	9	9
10	10	10	10
11	11	11	11
12 PM	12 PM	12 PM	12 PM
1	1	1	1
2	2	2	2
3	3	3	3
4	4	4	4
5	5	5	5
6	6	6	6
7	7	7	7
8	8	8	8
9	9	9	9

19 FRIDAY

7

8

9

10

11

12 PM

1

2

3

4

5

6

7

8

9

20 SATURDAY

7

8

9

10

11

12 PM

1

2

3

4

5

6

7

8

9

21 SUNDAY

7

8

9

10

11

12 PM

1

2

3

4

5

6

7

8

9

Notes

To-Do

- ○
- ○
- ○
- ○
- ○
- ○
- ○
- ○
- ○
- ○
- ○
- ○
- ○
- ○

22 MONDAY	**23** TUESDAY	**24** WEDNESDAY	**25** THURSDAY
7	7	7	7
8	8	8	8
9	9	9	9
10	10	10	10
11	11	11	11
12 PM	12 PM	12 PM	12 PM
1	1	1	1
2	2	2	2
3	3	3	3
4	4	4	4
5	5	5	5
6	6	6	6
7	7	7	7
8	8	8	8
9	9	9	9

26 FRIDAY

27 SATURDAY

28 SUNDAY

26 FRIDAY	27 SATURDAY	28 SUNDAY
7	7	7
8	8	8
9	9	9
10	10	10
11	11	11
12 PM	12 PM	12 PM
1	1	1
2	2	2
3	3	3
4	4	4
5	5	5
6	6	6
7	7	7
8	8	8
9	9	9

Notes

To-Do

○
○
○
○
○
○
○
○
○
○
○
○
○
○

<table>
<tr><td>29 MONDAY</td><td>30 TUESDAY</td><td>31 WEDNESDAY</td><td>1 THURSDAY</td></tr>
</table>

29 MONDAY	30 TUESDAY	31 WEDNESDAY	1 THURSDAY
7	7	7	7
8	8	8	8
9	9	9	9
10	10	10	10
11	11	11	11
12 PM	12 PM	12 PM	12 PM
1	1	1	1
2	2	2	2
3	3	3	3
4	4	4	4
5	5	5	5
6	6	6	6
7	7	7	7
8	8	8	8
9	9	9	9

2 FRIDAY **3** SATURDAY **4** SUNDAY

2 FRIDAY	3 SATURDAY	4 SUNDAY
7	7	7
8	8	8
9	9	9
10	10	10
11	11	11
12 PM	12 PM	12 PM
1	1	1
2	2	2
3	3	3
4	4	4
5	5	5
6	6	6
7	7	7
8	8	8
9	9	9

Notes

To-Do

○
○
○
○
○
○
○
○
○
○
○
○
○
○
○

5 MONDAY   6 TUESDAY   7 WEDNESDAY   8 THURSDAY

5 MONDAY	6 TUESDAY	7 WEDNESDAY	8 THURSDAY
7	7	7	7
8	8	8	8
9	9	9	9
10	10	10	10
11	11	11	11
12 PM	12 PM	12 PM	12 PM
1	1	1	1
2	2	2	2
3	3	3	3
4	4	4	4
5	5	5	5
6	6	6	6
7	7	7	7
8	8	8	8
9	9	9	9

9 FRIDAY   **10** SATURDAY   **11** SUNDAY

9 FRIDAY	10 SATURDAY	11 SUNDAY
7	7	7
8	8	8
9	9	9
10	10	10
11	11	11
12 PM	12 PM	12 PM
1	1	1
2	2	2
3	3	3
4	4	4
5	5	5
6	6	6
7	7	7
8	8	8
9	9	9

Notes

To-Do

○
○
○
○
○
○
○
○
○
○
○
○
○
○

12 MONDAY | 13 TUESDAY | 14 WEDNESDAY | 15 THURSDAY

12 MONDAY	13 TUESDAY	14 WEDNESDAY	15 THURSDAY
7	7	7	7
8	8	8	8
9	9	9	9
10	10	10	10
11	11	11	11
12 PM	12 PM	12 PM	12 PM
1	1	1	1
2	2	2	2
3	3	3	3
4	4	4	4
5	5	5	5
6	6	6	6
7	7	7	7
8	8	8	8
9	9	9	9

16 FRIDAY

17 SATURDAY

18 SUNDAY

16 FRIDAY	17 SATURDAY	18 SUNDAY
7	7	7
8	8	8
9	9	9
10	10	10
11	11	11
12 PM	12 PM	12 PM
1	1	1
2	2	2
3	3	3
4	4	4
5	5	5
6	6	6
7	7	7
8	8	8
9	9	9

Notes

To-Do

19 MONDAY   20 TUESDAY   21 WEDNESDAY   22 THURSDAY

19 MONDAY	20 TUESDAY	21 WEDNESDAY	22 THURSDAY
7	7	7	7
8	8	8	8
9	9	9	9
10	10	10	10
11	11	11	11
12 PM	12 PM	12 PM	12 PM
1	1	1	1
2	2	2	2
3	3	3	3
4	4	4	4
5	5	5	5
6	6	6	6
7	7	7	7
8	8	8	8
9	9	9	9

23 FRIDAY

24 SATURDAY

25 SUNDAY

7

8

9

10

11

12 PM

1

2

3

4

5

6

7

8

9

Notes

To-Do

○
○
○
○
○
○
○
○
○
○
○
○
○
○

<table>
<tr><td>26 MONDAY</td><td>27 TUESDAY</td><td>28 WEDNESDAY</td><td>29 THURSDAY</td></tr>
</table>

7	7	7	7
8	8	8	8
9	9	9	9
10	10	10	10
11	11	11	11
12 PM	12 PM	12 PM	12 PM
1	1	1	1
2	2	2	2
3	3	3	3
4	4	4	4
5	5	5	5
6	6	6	6
7	7	7	7
8	8	8	8
9	9	9	9

30 FRIDAY

1 SATURDAY

2 SUNDAY

7

8

9

10

11

12 PM

1

2

3

4

5

6

7

8

9

Notes

To Do

- ○
- ○
- ○
- ○
- ○
- ○
- ○
- ○
- ○
- ○
- ○
- ○
- ○

3 MONDAY | 4 TUESDAY | 5 WEDNESDAY | 6 THURSDAY

3 MONDAY	4 TUESDAY	5 WEDNESDAY	6 THURSDAY
7	7	7	7
8	8	8	8
9	9	9	9
10	10	10	10
11	11	11	11
12 PM	12 PM	12 PM	12 PM
1	1	1	1
2	2	2	2
3	3	3	3
4	4	4	4
5	5	5	5
6	6	6	6
7	7	7	7
8	8	8	8
9	9	9	9

7 FRIDAY

8 SATURDAY

9 SUNDAY

Notes

7
8
9
10
11
12 PM
1
2
3
4
5
6
7
8
9

To-Do

◯
◯
◯
◯
◯
◯
◯
◯
◯
◯
◯
◯
◯
◯

10 MONDAY　11 TUESDAY　12 WEDNESDAY　13 THURSDAY

10 MONDAY	11 TUESDAY	12 WEDNESDAY	13 THURSDAY
7	7	7	7
8	8	8	8
9	9	9	9
10	10	10	10
11	11	11	11
12 PM	12 PM	12 PM	12 PM
1	1	1	1
2	2	2	2
3	3	3	3
4	4	4	4
5	5	5	5
6	6	6	6
7	7	7	7
8	8	8	8
9	9	9	9

14 FRIDAY

15 SATURDAY

16 SUNDAY

7

8

9

10

11

12 PM

1

2

3

4

5

6

7

8

9

Notes

To-Do

○
○
○
○
○
○
○
○
○
○
○
○
○
○

17 MONDAY | 18 TUESDAY | 19 WEDNESDAY | 20 THURSDAY

17 MONDAY	18 TUESDAY	19 WEDNESDAY	20 THURSDAY
7	7	7	7
8	8	8	8
9	9	9	9
10	10	10	10
11	11	11	11
12 PM	12 PM	12 PM	12 PM
1	1	1	1
2	2	2	2
3	3	3	3
4	4	4	4
5	5	5	5
6	6	6	6
7	7	7	7
8	8	8	8
9	9	9	9

21 FRIDAY

22 SATURDAY

23 SUNDAY

21 FRIDAY	22 SATURDAY	23 SUNDAY
7	7	7
8	8	8
9	9	9
10	10	10
11	11	11
12 PM	12 PM	12 PM
1	1	1
2	2	2
3	3	3
4	4	4
5	5	5
6	6	6
7	7	7
8	8	8
9	9	9

Notes

To-Do

- ○
- ○
- ○
- ○
- ○
- ○
- ○
- ○
- ○
- ○
- ○
- ○
- ○
- ○

24 MONDAY 25 TUESDAY 26 WEDNESDAY 27 THURSDAY

24 MONDAY	25 TUESDAY	26 WEDNESDAY	27 THURSDAY
7	7	7	7
8	8	8	8
9	9	9	9
10	10	10	10
11	11	11	11
12 PM	12 PM	12 PM	12 PM
1	1	1	1
2	2	2	2
3	3	3	3
4	4	4	4
5	5	5	5
6	6	6	6
7	7	7	7
8	8	8	8
9	9	9	9

28 FRIDAY

29 SATURDAY

30 SUNDAY

28 FRIDAY	29 SATURDAY	30 SUNDAY
7	7	7
8	8	8
9	9	9
10	10	10
11	11	11
12 PM	12 PM	12 PM
1	1	1
2	2	2
3	3	3
4	4	4
5	5	5
6	6	6
7	7	7
8	8	8
9	9	9

Notes

To-Do

○
○
○
○
○
○
○
○
○
○
○
○
○
○

<table>
<tr><td>31 MONDAY</td><td>1 TUESDAY</td><td>2 WEDNESDAY</td><td>3 THURSDAY</td></tr>
</table>

31 MONDAY	1 TUESDAY	2 WEDNESDAY	3 THURSDAY
7	7	7	7
8	8	8	8
9	9	9	9
10	10	10	10
11	11	11	11
12 PM	12 PM	12 PM	12 PM
1	1	1	1
2	2	2	2
3	3	3	3
4	4	4	4
5	5	5	5
6	6	6	6
7	7	7	7
8	8	8	8
9	9	9	9

4 FRIDAY

5 SATURDAY

6 SUNDAY

7

8

9

10

11

12 PM

1

2

3

4

5

6

7

8

9

Notes

to Do

○
○
○
○
○
○
○
○
○
○
○
○
○
○

7 MONDAY   8 TUESDAY   9 WEDNESDAY   10 THURSDAY

7	7	7	7
8	8	8	8
9	9	9	9
10	10	10	10
11	11	11	11
12 PM	12 PM	12 PM	12 PM
1	1	1	1
2	2	2	2
3	3	3	3
4	4	4	4
5	5	5	5
6	6	6	6
7	7	7	7
8	8	8	8
9	9	9	9

11 FRIDAY

7
8
9
10
11
12 PM
1
2
3
4
5
6
7
8
9

12 SATURDAY

7
8
9
10
11
12 PM
1
2
3
4
5
6
7
8
9

13 SUNDAY

7
8
9
10
11
12 PM
1
2
3
4
5
6
7
8
9

Notes

To-Do

○
○
○
○
○
○
○
○
○
○
○
○
○
○

14 MONDAY

7

8

9

10

11

12 PM

1

2

3

4

5

6

7

8

9

15 TUESDAY

7

8

9

10

11

12 PM

1

2

3

4

5

6

7

8

9

16 WEDNESDAY

7

8

9

10

11

12 PM

1

2

3

4

5

6

7

8

9

17 THURSDAY

7

8

9

10

11

12 PM

1

2

3

4

5

6

7

8

9

18 FRIDAY

7
8
9
10
11
12 PM
1
2
3
4
5
6
7
8
9

19 SATURDAY

7
8
9
10
11
12 PM
1
2
3
4
5
6
7
8
9

20 SUNDAY

7
8
9
10
11
12 PM
1
2
3
4
5
6
7
8
9

Notes

To Do

<table>
<tr><td>21 MONDAY</td><td>22 TUESDAY</td><td>23 WEDNESDAY</td><td>24 THURSDAY</td></tr>
</table>

21 MONDAY	22 TUESDAY	23 WEDNESDAY	24 THURSDAY
7	7	7	7
8	8	8	8
9	9	9	9
10	10	10	10
11	11	11	11
12 PM	12 PM	12 PM	12 PM
1	1	1	1
2	2	2	2
3	3	3	3
4	4	4	4
5	5	5	5
6	6	6	6
7	7	7	7
8	8	8	8
9	9	9	9

25 FRIDAY   **26** SATURDAY   **27** SUNDAY

25 FRIDAY	26 SATURDAY	27 SUNDAY
7	7	7
8	8	8
9	9	9
10	10	10
11	11	11
12 PM	12 PM	12 PM
1	1	1
2	2	2
3	3	3
4	4	4
5	5	5
6	6	6
7	7	7
8	8	8
9	9	9

Notes

To-Do

- ○
- ○
- ○
- ○
- ○
- ○
- ○
- ○
- ○
- ○
- ○
- ○
- ○

28 MONDAY	**29** TUESDAY	**30** WEDNESDAY	**1** THURSDAY
7	7	7	7
8	8	8	8
9	9	9	9
10	10	10	10
11	11	11	11
12 PM	12 PM	12 PM	12 PM
1	1	1	1
2	2	2	2
3	3	3	3
4	4	4	4
5	5	5	5
6	6	6	6
7	7	7	7
8	8	8	8
9	9	9	9

2 FRIDAY

3 SATURDAY

4 SUNDAY

Notes

7

8

9

10

11

12 PM

1

2

3

4

5

6

7

8

9

To-Do

○
○
○
○
○
○
○
○
○
○
○
○
○

5 MONDAY | 6 TUESDAY | 7 WEDNESDAY | 8 THURSDAY

5 MONDAY	6 TUESDAY	7 WEDNESDAY	8 THURSDAY
7	7	7	7
8	8	8	8
9	9	9	9
10	10	10	10
11	11	11	11
12 PM	12 PM	12 PM	12 PM
1	1	1	1
2	2	2	2
3	3	3	3
4	4	4	4
5	5	5	5
6	6	6	6
7	7	7	7
8	8	8	8
9	9	9	9

9 FRIDAY

10 SATURDAY

11 SUNDAY

9 FRIDAY	10 SATURDAY	11 SUNDAY
7	7	7
8	8	8
9	9	9
10	10	10
11	11	11
12 PM	12 PM	12 PM
1	1	1
2	2	2
3	3	3
4	4	4
5	5	5
6	6	6
7	7	7
8	8	8
9	9	9

Notes

to-Do

○
○
○
○
○
○
○
○
○
○
○
○
○
○

12 MONDAY   13 TUESDAY   14 WEDNESDAY   15 THURSDAY

12 MONDAY	13 TUESDAY	14 WEDNESDAY	15 THURSDAY
7	7	7	7
8	8	8	8
9	9	9	9
10	10	10	10
11	11	11	11
12 PM	12 PM	12 PM	12 PM
1	1	1	1
2	2	2	2
3	3	3	3
4	4	4	4
5	5	5	5
6	6	6	6
7	7	7	7
8	8	8	8
9	9	9	9

16 FRIDAY

17 SATURDAY

18 SUNDAY

16 FRIDAY	17 SATURDAY	18 SUNDAY
7	7	7
8	8	8
9	9	9
10	10	10
11	11	11
12 PM	12 PM	12 PM
1	1	1
2	2	2
3	3	3
4	4	4
5	5	5
6	6	6
7	7	7
8	8	8
9	9	9

Notes

To-Do

19 MONDAY | 20 TUESDAY | 21 WEDNESDAY | 22 THURSDAY

19 MONDAY	20 TUESDAY	21 WEDNESDAY	22 THURSDAY
7	7	7	7
8	8	8	8
9	9	9	9
10	10	10	10
11	11	11	11
12 PM	12 PM	12 PM	12 PM
1	1	1	1
2	2	2	2
3	3	3	3
4	4	4	4
5	5	5	5
6	6	6	6
7	7	7	7
8	8	8	8
9	9	9	9

23 FRIDAY

24 SATURDAY

25 SUNDAY

23 FRIDAY	24 SATURDAY	25 SUNDAY
7	7	7
8	8	8
9	9	9
10	10	10
11	11	11
12 PM	12 PM	12 PM
1	1	1
2	2	2
3	3	3
4	4	4
5	5	5
6	6	6
7	7	7
8	8	8
9	9	9

Notes

To-Do

○
○
○
○
○
○
○
○
○
○
○
○
○
○

26 MONDAY   27 TUESDAY   28 WEDNESDAY   29 THURSDAY

26 MONDAY	27 TUESDAY	28 WEDNESDAY	29 THURSDAY
7	7	7	7
8	8	8	8
9	9	9	9
10	10	10	10
11	11	11	11
12 PM	12 PM	12 PM	12 PM
1	1	1	1
2	2	2	2
3	3	3	3
4	4	4	4
5	5	5	5
6	6	6	6
7	7	7	7
8	8	8	8
9	9	9	9

30 FRIDAY

31 SATURDAY

1 SUNDAY

Notes

30 FRIDAY	31 SATURDAY	1 SUNDAY
7	7	7
8	8	8
9	9	9
10	10	10
11	11	11
12 PM	12 PM	12 PM
1	1	1
2	2	2
3	3	3
4	4	4
5	5	5
6	6	6
7	7	7
8	8	8
9	9	9

To-Do

- ○
- ○
- ○
- ○
- ○
- ○
- ○
- ○
- ○
- ○
- ○
- ○
- ○
- ○

2 MONDAY

7
8
9
10
11
12 PM
1
2
3
4
5
6
7
8
9

3 TUESDAY

7
8
9
10
11
12 PM
1
2
3
4
5
6
7
8
9

4 WEDNESDAY

7
8
9
10
11
12 PM
1
2
3
4
5
6
7
8
9

5 THURSDAY

7
8
9
10
11
12 PM
1
2
3
4
5
6
7
8
9

6 FRIDAY

7 SATURDAY

8 SUNDAY

6 FRIDAY

7
8
9
10
11
12 PM
1
2
3
4
5
6
7
8
9

7 SATURDAY

7
8
9
10
11
12 PM
1
2
3
4
5
6
7
8
9

8 SUNDAY

7
8
9
10
11
12 PM
1
2
3
4
5
6
7
8
9

Notes

To Do

○
○
○
○
○
○
○
○
○
○
○
○
○
○

9 MONDAY | 10 TUESDAY | 11 WEDNESDAY | 12 THURSDAY

9 MONDAY	10 TUESDAY	11 WEDNESDAY	12 THURSDAY
7	7	7	7
8	8	8	8
9	9	9	9
10	10	10	10
11	11	11	11
12 PM	12 PM	12 PM	12 PM
1	1	1	1
2	2	2	2
3	3	3	3
4	4	4	4
5	5	5	5
6	6	6	6
7	7	7	7
8	8	8	8
9	9	9	9

13 FRIDAY

7
8
9
10
11
12 PM
1
2
3
4
5
6
7
8
9

14 SATURDAY

7
8
9
10
11
12 PM
1
2
3
4
5
6
7
8
9

15 SUNDAY

7
8
9
10
11
12 PM
1
2
3
4
5
6
7
8
9

Notes

To-Do

- ○
- ○
- ○
- ○
- ○
- ○
- ○
- ○
- ○
- ○
- ○
- ○
- ○

16 MONDAY   17 TUESDAY   18 WEDNESDAY   19 THURSDAY

16 MONDAY	17 TUESDAY	18 WEDNESDAY	19 THURSDAY
7	7	7	7
8	8	8	8
9	9	9	9
10	10	10	10
11	11	11	11
12 PM	12 PM	12 PM	12 PM
1	1	1	1
2	2	2	2
3	3	3	3
4	4	4	4
5	5	5	5
6	6	6	6
7	7	7	7
8	8	8	8
9	9	9	9

20 FRIDAY

7
8
9
10
11
12 PM
1
2
3
4
5
6
7
8
9

21 SATURDAY

7
8
9
10
11
12 PM
1
2
3
4
5
6
7
8
9

22 SUNDAY

7
8
9
10
11
12 PM
1
2
3
4
5
6
7
8
9

Notes

to Do

○
○
○
○
○
○
○
○
○
○
○
○
○
○

23 MONDAY 24 TUESDAY 25 WEDNESDAY 26 THURSDAY

23 MONDAY	24 TUESDAY	25 WEDNESDAY	26 THURSDAY
7	7	7	7
8	8	8	8
9	9	9	9
10	10	10	10
11	11	11	11
12 PM	12 PM	12 PM	12 PM
1	1	1	1
2	2	2	2
3	3	3	3
4	4	4	4
5	5	5	5
6	6	6	6
7	7	7	7
8	8	8	8
9	9	9	9

27 FRIDAY

28 SATURDAY

29 SUNDAY

Notes

7
8
9
10
11
12 PM
1
2
3
4
5
6
7
8
9

To-Do

30 MONDAY | 31 TUESDAY | 1 WEDNESDAY | 2 THURSDAY

30 MONDAY	31 TUESDAY	1 WEDNESDAY	2 THURSDAY
7	7	7	7
8	8	8	8
9	9	9	9
10	10	10	10
11	11	11	11
12 PM	12 PM	12 PM	12 PM
1	1	1	1
2	2	2	2
3	3	3	3
4	4	4	4
5	5	5	5
6	6	6	6
7	7	7	7
8	8	8	8
9	9	9	9

3 FRIDAY	4 SATURDAY	5 SUNDAY
7	7	7
8	8	8
9	9	9
10	10	10
11	11	11
12 PM	12 PM	12 PM
1	1	1
2	2	2
3	3	3
4	4	4
5	5	5
6	6	6
7	7	7
8	8	8
9	9	9

Notes

To-Do

- ○
- ○
- ○
- ○
- ○
- ○
- ○
- ○
- ○
- ○
- ○
- ○
- ○
- ○
- ○

<table>
<tr><td>

6 MONDAY

</td><td>

7 TUESDAY

</td><td>

8 WEDNESDAY

</td><td>

9 THURSDAY

</td></tr>
</table>

6 MONDAY	7 TUESDAY	8 WEDNESDAY	9 THURSDAY
7	7	7	7
8	8	8	8
9	9	9	9
10	10	10	10
11	11	11	11
12 PM	12 PM	12 PM	12 PM
1	1	1	1
2	2	2	2
3	3	3	3
4	4	4	4
5	5	5	5
6	6	6	6
7	7	7	7
8	8	8	8
9	9	9	9

10 FRIDAY   **11** SATURDAY   **12** SUNDAY

10 FRIDAY	11 SATURDAY	12 SUNDAY
7	7	7
8	8	8
9	9	9
10	10	10
11	11	11
12 PM	12 PM	12 PM
1	1	1
2	2	2
3	3	3
4	4	4
5	5	5
6	6	6
7	7	7
8	8	8
9	9	9

Notes

To-Do

○
○
○
○
○
○
○
○
○
○
○
○
○
○

13 MONDAY

7

8

9

10

11

12 PM

1

2

3

4

5

6

7

8

9

14 TUESDAY

7

8

9

10

11

12 PM

1

2

3

4

5

6

7

8

9

15 WEDNESDAY

7

8

9

10

11

12 PM

1

2

3

4

5

6

7

8

9

16 THURSDAY

7

8

9

10

11

12 PM

1

2

3

4

5

6

7

8

9

17 FRIDAY

18 SATURDAY

19 SUNDAY

Notes

17 FRIDAY	18 SATURDAY	19 SUNDAY
7	7	7
8	8	8
9	9	9
10	10	10
11	11	11
12 PM	12 PM	12 PM
1	1	1
2	2	2
3	3	3
4	4	4
5	5	5
6	6	6
7	7	7
8	8	8
9	9	9

To-Do

- ○
- ○
- ○
- ○
- ○
- ○
- ○
- ○
- ○
- ○
- ○
- ○
- ○
- ○
- ○

20 MONDAY	**21** TUESDAY	**22** WEDNESDAY	**23** THURSDAY
7	7	7	7
8	8	8	8
9	9	9	9
10	10	10	10
11	11	11	11
12 PM	12 PM	12 PM	12 PM
1	1	1	1
2	2	2	2
3	3	3	3
4	4	4	4
5	5	5	5
6	6	6	6
7	7	7	7
8	8	8	8
9	9	9	9

24 FRIDAY | **25** SATURDAY | **26** SUNDAY

Notes

7 — 7 — 7

8 — 8 — 8

9 — 9 — 9

10 — 10 — 10

11 — 11 — 11

12 PM — 12 PM — 12 PM

1 — 1 — 1

2 — 2 — 2

3 — 3 — 3

To-Do

4 — 4 — 4

5 — 5 — 5

6 — 6 — 6

7 — 7 — 7

8 — 8 — 8

9 — 9 — 9

27 MONDAY

28 TUESDAY

29 WEDNESDAY

30 THURSDAY

27 MONDAY	28 TUESDAY	29 WEDNESDAY	30 THURSDAY
7	7	7	7
8	8	8	8
9	9	9	9
10	10	10	10
11	11	11	11
12 PM	12 PM	12 PM	12 PM
1	1	1	1
2	2	2	2
3	3	3	3
4	4	4	4
5	5	5	5
6	6	6	6
7	7	7	7
8	8	8	8
9	9	9	9

1 FRIDAY

2 SATURDAY

3 SUNDAY

Notes

1 (Friday)	2 (Saturday)	3 (Sunday)
7	7	7
8	8	8
9	9	9
10	10	10
11	11	11
12 PM	12 PM	12 PM
1	1	1
2	2	2
3	3	3
4	4	4
5	5	5
6	6	6
7	7	7
8	8	8
9	9	9

To-Do

○
○
○
○
○
○
○
○
○
○
○
○
○
○
○

4 MONDAY   5 TUESDAY   6 WEDNESDAY   7 THURSDAY

MONDAY 4	TUESDAY 5	WEDNESDAY 6	THURSDAY 7
7	7	7	7
8	8	8	8
9	9	9	9
10	10	10	10
11	11	11	11
12 PM	12 PM	12 PM	12 PM
1	1	1	1
2	2	2	2
3	3	3	3
4	4	4	4
5	5	5	5
6	6	6	6
7	7	7	7
8	8	8	8
9	9	9	9

8 FRIDAY

9 SATURDAY

10 SUNDAY

8 FRIDAY	9 SATURDAY	10 SUNDAY
7	7	7
8	8	8
9	9	9
10	10	10
11	11	11
12 PM	12 PM	12 PM
1	1	1
2	2	2
3	3	3
4	4	4
5	5	5
6	6	6
7	7	7
8	8	8
9	9	9

Notes

To-Do

11 MONDAY 12 TUESDAY 13 WEDNESDAY 14 THURSDAY

11 MONDAY	12 TUESDAY	13 WEDNESDAY	14 THURSDAY
7	7	7	7
8	8	8	8
9	9	9	9
10	10	10	10
11	11	11	11
12 PM	12 PM	12 PM	12 PM
1	1	1	1
2	2	2	2
3	3	3	3
4	4	4	4
5	5	5	5
6	6	6	6
7	7	7	7
8	8	8	8
9	9	9	9

15 FRIDAY

7
8
9
10
11
12 PM
1
2
3
4
5
6
7
8
9

16 SATURDAY

7
8
9
10
11
12 PM
1
2
3
4
5
6
7
8
9

17 SUNDAY

7
8
9
10
11
12 PM
1
2
3
4
5
6
7
8
9

Notes

To-Do

○
○
○
○
○
○
○
○
○
○
○
○
○
○
○

18 MONDAY | 19 TUESDAY | 20 WEDNESDAY | 21 THURSDAY

18 MONDAY	19 TUESDAY	20 WEDNESDAY	21 THURSDAY
7	7	7	7
8	8	8	8
9	9	9	9
10	10	10	10
11	11	11	11
12 PM	12 PM	12 PM	12 PM
1	1	1	1
2	2	2	2
3	3	3	3
4	4	4	4
5	5	5	5
6	6	6	6
7	7	7	7
8	8	8	8
9	9	9	9

22 FRIDAY   **23** SATURDAY   **24** SUNDAY

22 FRIDAY	23 SATURDAY	24 SUNDAY
7	7	7
8	8	8
9	9	9
10	10	10
11	11	11
12 PM	12 PM	12 PM
1	1	1
2	2	2
3	3	3
4	4	4
5	5	5
6	6	6
7	7	7
8	8	8
9	9	9

Notes

To-Do

- ◯
- ◯
- ◯
- ◯
- ◯
- ◯
- ◯
- ◯
- ◯
- ◯
- ◯
- ◯
- ◯
- ◯

25 MONDAY   26 TUESDAY   27 WEDNESDAY   28 THURSDAY

25 MONDAY	26 TUESDAY	27 WEDNESDAY	28 THURSDAY
7	7	7	7
8	8	8	8
9	9	9	9
10	10	10	10
11	11	11	11
12 PM	12 PM	12 PM	12 PM
1	1	1	1
2	2	2	2
3	3	3	3
4	4	4	4
5	5	5	5
6	6	6	6
7	7	7	7
8	8	8	8
9	9	9	9

29 FRIDAY

30 SATURDAY

31 SUNDAY

7

8

9

10

11

12 PM

1

2

3

4

5

6

7

8

9

Notes

To-Do

○
○
○
○
○
○
○
○
○
○
○
○
○
○

1 MONDAY 2 TUESDAY 3 WEDNESDAY 4 THURSDAY

1 MONDAY	2 TUESDAY	3 WEDNESDAY	4 THURSDAY
7	7	7	7
8	8	8	8
9	9	9	9
10	10	10	10
11	11	11	11
12 PM	12 PM	12 PM	12 PM
1	1	1	1
2	2	2	2
3	3	3	3
4	4	4	4
5	5	5	5
6	6	6	6
7	7	7	7
8	8	8	8
9	9	9	9

5 FRIDAY

6 SATURDAY

7 SUNDAY

5 FRIDAY	6 SATURDAY	7 SUNDAY
7	7	7
8	8	8
9	9	9
10	10	10
11	11	11
12 PM	12 PM	12 PM
1	1	1
2	2	2
3	3	3
4	4	4
5	5	5
6	6	6
7	7	7
8	8	8
9	9	9

Notes

To Do

○
○
○
○
○
○
○
○
○
○
○
○
○
○

7	7	7	7
8	8	8	8
9	9	9	9
10	10	10	10
11	11	11	11
12 PM	12 PM	12 PM	12 PM
1	1	1	1
2	2	2	2
3	3	3	3
4	4	4	4
5	5	5	5
6	6	6	6
7	7	7	7
8	8	8	8
9	9	9	9

12 FRIDAY

13 SATURDAY

14 SUNDAY

12 FRIDAY	13 SATURDAY	14 SUNDAY
7	7	7
8	8	8
9	9	9
10	10	10
11	11	11
12 PM	12 PM	12 PM
1	1	1
2	2	2
3	3	3
4	4	4
5	5	5
6	6	6
7	7	7
8	8	8
9	9	9

Notes

To-Do

○
○
○
○
○
○
○
○
○
○
○
○
○
○

<table>
<tr><td>15 MONDAY</td><td>16 TUESDAY</td><td>17 WEDNESDAY</td><td>18 THURSDAY</td></tr>
</table>

15 MONDAY	16 TUESDAY	17 WEDNESDAY	18 THURSDAY
7	7	7	7
8	8	8	8
9	9	9	9
10	10	10	10
11	11	11	11
12 PM	12 PM	12 PM	12 PM
1	1	1	1
2	2	2	2
3	3	3	3
4	4	4	4
5	5	5	5
6	6	6	6
7	7	7	7
8	8	8	8
9	9	9	9

19 FRIDAY

20 SATURDAY

21 SUNDAY

7

8

9

10

11

12 PM

1

2

3

4

5

6

7

8

9

Notes

to-Do

○
○
○
○
○
○
○
○
○
○
○
○
○

<table>
<tr><td>22 MONDAY</td><td>23 TUESDAY</td><td>24 WEDNESDAY</td><td>25 THURSDAY</td></tr>
</table>

22 MONDAY	23 TUESDAY	24 WEDNESDAY	25 THURSDAY
7	7	7	7
8	8	8	8
9	9	9	9
10	10	10	10
11	11	11	11
12 PM	12 PM	12 PM	12 PM
1	1	1	1
2	2	2	2
3	3	3	3
4	4	4	4
5	5	5	5
6	6	6	6
7	7	7	7
8	8	8	8
9	9	9	9

26 FRIDAY

27 SATURDAY

28 SUNDAY

26 FRIDAY	27 SATURDAY	28 SUNDAY
7	7	7
8	8	8
9	9	9
10	10	10
11	11	11
12 PM	12 PM	12 PM
1	1	1
2	2	2
3	3	3
4	4	4
5	5	5
6	6	6
7	7	7
8	8	8
9	9	9

Notes

To-Do

<table>
<tr><td>

29 MONDAY

</td><td>

30 TUESDAY

</td><td>

1 WEDNESDAY

</td><td>

2 THURSDAY

</td></tr>
</table>

	29 MONDAY	30 TUESDAY	1 WEDNESDAY	2 THURSDAY
7				
8				
9				
10				
11				
12 PM				
1				
2				
3				
4				
5				
6				
7				
8				
9				

3 FRIDAY

4 SATURDAY

5 SUNDAY

7

8

9

10

11

12 PM

1

2

3

4

5

6

7

8

9

Notes

To-Do

- ○
- ○
- ○
- ○
- ○
- ○
- ○
- ○
- ○
- ○
- ○
- ○
- ○
- ○

6 MONDAY   7 TUESDAY   8 WEDNESDAY   9 THURSDAY

6 MONDAY	7 TUESDAY	8 WEDNESDAY	9 THURSDAY
7	7	7	7
8	8	8	8
9	9	9	9
10	10	10	10
11	11	11	11
12 PM	12 PM	12 PM	12 PM
1	1	1	1
2	2	2	2
3	3	3	3
4	4	4	4
5	5	5	5
6	6	6	6
7	7	7	7
8	8	8	8
9	9	9	9

10 FRIDAY

11 SATURDAY

12 SUNDAY

10 FRIDAY	11 SATURDAY	12 SUNDAY
7	7	7
8	8	8
9	9	9
10	10	10
11	11	11
12 PM	12 PM	12 PM
1	1	1
2	2	2
3	3	3
4	4	4
5	5	5
6	6	6
7	7	7
8	8	8
9	9	9

Notes

To-Do

○
○
○
○
○
○
○
○
○
○
○
○
○
○
○

Notes

13 MONDAY

7

8

9

10

11

12 PM

1

2

3

4

5

6

7

8

9

14 TUESDAY

7

8

9

10

11

12 PM

1

2

3

4

5

6

7

8

9

15 WEDNESDAY

7

8

9

10

11

12 PM

1

2

3

4

5

6

7

8

9

16 THURSDAY

7

8

9

10

11

12 PM

1

2

3

4

5

6

7

8

9

17 FRIDAY

18 SATURDAY

19 SUNDAY

17 FRIDAY	18 SATURDAY	19 SUNDAY
7	7	7
8	8	8
9	9	9
10	10	10
11	11	11
12 PM	12 PM	12 PM
1	1	1
2	2	2
3	3	3
4	4	4
5	5	5
6	6	6
7	7	7
8	8	8
9	9	9

Notes

To-Do

20 MONDAY | 21 TUESDAY | 22 WEDNESDAY | 23 THURSDAY

20 MONDAY	21 TUESDAY	22 WEDNESDAY	23 THURSDAY
7	7	7	7
8	8	8	8
9	9	9	9
10	10	10	10
11	11	11	11
12 PM	12 PM	12 PM	12 PM
1	1	1	1
2	2	2	2
3	3	3	3
4	4	4	4
5	5	5	5
6	6	6	6
7	7	7	7
8	8	8	8
9	9	9	9

24 FRIDAY   **25** SATURDAY   **26** SUNDAY

24 Friday	25 Saturday	26 Sunday
7	7	7
8	8	8
9	9	9
10	10	10
11	11	11
12 PM	12 PM	12 PM
1	1	1
2	2	2
3	3	3
4	4	4
5	5	5
6	6	6
7	7	7
8	8	8
9	9	9

Notes

To-Do

○
○
○
○
○
○
○
○
○
○
○
○
○
○

<table>
<tr><td>27 MONDAY</td><td>28 TUESDAY</td><td>29 WEDNESDAY</td><td>30 THURSDAY</td></tr>
</table>

7	7	7	7
8	8	8	8
9	9	9	9
10	10	10	10
11	11	11	11
12 PM	12 PM	12 PM	12 PM
1	1	1	1
2	2	2	2
3	3	3	3
4	4	4	4
5	5	5	5
6	6	6	6
7	7	7	7
8	8	8	8
9	9	9	9

31 FRIDAY   **1** SATURDAY   **2** SUNDAY

31 FRIDAY	1 SATURDAY	2 SUNDAY
7	7	7
8	8	8
9	9	9
10	10	10
11	11	11
12 PM	12 PM	12 PM
1	1	1
2	2	2
3	3	3
4	4	4
5	5	5
6	6	6
7	7	7
8	8	8
9	9	9

Notes

to-do

○
○
○
○
○
○
○
○
○
○
○
○
○
○

MONDAY	TUESDAY	WEDNESDAY	THURSDAY
28	29	30	31
4	5	6	7
11	12	13	14
18	19	20	21
25	26	27	28

JANUARY

FRIDAY	SATURDAY	SUNDAY
1	2	3
8	9	10
15	16	17
22	23	24
29	30	31

<table>
<tr><td>MONDAY</td><td>TUESDAY</td><td>WEDNESDAY</td><td>THURSDAY</td></tr>
<tr><td>1</td><td>2</td><td>3</td><td>4</td></tr>
<tr><td>8</td><td>9</td><td>10</td><td>11</td></tr>
<tr><td>15</td><td>16</td><td>17</td><td>18</td></tr>
<tr><td>22</td><td>23</td><td>24</td><td>25</td></tr>
<tr><td>1</td><td>2</td><td>3</td><td>4</td></tr>
</table>

FRIDAY	SATURDAY	SUNDAY
5	6	7
12	13	14
19	20	21
26	27	28
5	6	7

MONDAY	TUESDAY	WEDNESDAY	THURSDAY
1	2	3	4
8	9	10	11
15	16	17	18
22	23	24	25
29	30	31	

FRIDAY	SATURDAY	SUNDAY
5	6	7
12	13	14
19	20	21
26	27	28
2	3	4

MONDAY	TUESDAY	WEDNESDAY	THURSDAY
29	30	31	1
5	6	7	8
12	13	14	15
19	20	21	22
26	27	28	29

FRIDAY	SATURDAY	SUNDAY
2	3	4
9	10	11
16	17	18
23	24	25
30	1	2

MONDAY	TUESDAY	WEDNESDAY	THURSDAY
26	27	28	29
3	4	5	6
10	11	12	13
17	18	19	20
24	25	26	27
31			

FRIDAY	SATURDAY	SUNDAY
30	1	2
7	8	9
14	15	16
21	22	23
28	29	30

<table>
<tr><th>MONDAY</th><th>TUESDAY</th><th>WEDNESDAY</th><th>THURSDAY</th></tr>
<tr><td>31</td><td>1</td><td>2</td><td>3</td></tr>
<tr><td>7</td><td>8</td><td>9</td><td>10</td></tr>
<tr><td>14</td><td>15</td><td>16</td><td>17</td></tr>
<tr><td>21</td><td>22</td><td>23</td><td>24</td></tr>
<tr><td>28</td><td>29</td><td>30</td><td>1</td></tr>
</table>

FRIDAY	SATURDAY	SUNDAY
4	5	6
11	12	13
18	19	20
25	26	27
2	3	4

MONDAY	TUESDAY	WEDNESDAY	THURSDAY
28	29	30	1
5	6	7	8
12	13	14	15
19	20	21	22
26	27	28	29

FRIDAY	SATURDAY	SUNDAY
2	3	4
9	10	11
16	17	18
23	24	25
30	31	

MONDAY	TUESDAY	WEDNESDAY	THURSDAY
26	27	28	29
2	3	4	5
9	10	11	12
16	17	18	19
23	24	25	26
30	31		

FRIDAY	SATURDAY	SUNDAY
30	31	1
6	7	8
13	14	15
20	21	22
27	28	29

MONDAY	TUESDAY	WEDNESDAY	THURSDAY
30	31	1	2
6	7	8	9
13	14	15	16
20	21	22	23
27	28	29	30

SEPTEMBER

FRIDAY	SATURDAY	SUNDAY
3	4	5
10	11	12
17	18	19
24	25	26
1	2	3

<table>
<tr><th>MONDAY</th><th>TUESDAY</th><th>WEDNESDAY</th><th>THURSDAY</th></tr>
<tr><td>27</td><td>28</td><td>29</td><td>30</td></tr>
<tr><td>4</td><td>5</td><td>6</td><td>7</td></tr>
<tr><td>11</td><td>12</td><td>13</td><td>14</td></tr>
<tr><td>18</td><td>19</td><td>20</td><td>21</td></tr>
<tr><td>25</td><td>26</td><td>27</td><td>28</td></tr>
</table>

FRIDAY	SATURDAY	SUNDAY
1	2	3
8	9	10
15	16	17
22	23	24
29	30	31

MONDAY	TUESDAY	WEDNESDAY	THURSDAY
1	2	3	4
8	9	10	11
15	16	17	18
22	23	24	25
29	30	1	2

FRIDAY	SATURDAY	SUNDAY
5	6	7
12	13	14
19	20	21
26	27	28
3	4	5

MONDAY	TUESDAY	WEDNESDAY	THURSDAY
29	30	1	2
6	7	8	9
13	14	15	16
20	21	22	23
27	28	29	30

FRIDAY	SATURDAY	SUNDAY
3	4	5
10	11	12
17	18	19
24	25	26
31	1	2

	MON	TUE	WED	THU	FRI	SAT	SUN

WEEKLY SCHEDULE

🕐	MON	TUE	WED	THU	FRI	SAT	SUN

| Date: | Subject: |
| Participants: | |

Notes

| Date: | Subject: |
| Participants: | |

Notes

MEETING NOTES

Date:	Subject:
Participants:	

Notes

Date:	Subject:
Participants:	

Notes

Date: | Subject:

Participants:

Notes

Date: | Subject:

Participants:

Notes

MEETING NOTES

Date:	Subject:
Participants:	

Notes

Date:	Subject:
Participants:	

Notes

Date:	Subject:
Participants:	

Notes

Date:	Subject:
Participants:	

Notes

MEETING NOTES

Date:	Subject:
Participants:	

Notes

Date:	Subject:
Participants:	

Notes

<table>
<tr><td>Date:</td><td>Subject:</td></tr>
<tr><td colspan="2">Participants:</td></tr>
</table>

Notes

<table>
<tr><td>Date:</td><td>Subject:</td></tr>
<tr><td colspan="2">Participants:</td></tr>
</table>

Notes

MEETING NOTES

Date:	Subject:
Participants:	

Notes

Date:	Subject:
Participants:	

Notes

	Date	Description of Expense	Category	Amount	Payment Type
1					
2					
3					
4					
5					
6					
7					
8					
9					
10					
11					
12					
13					
14					
15					
16					
17					
18					
19					
20					
21					
22					
23					
24					
25					
26					
27					
28					
29					
30					

EXPENSE TRACKER

	Date	Description of Expense	Category	Amount	Payment Type
31					
32					
33					
34					
35					
36					
37					
38					
39					
40					
41					
42					
43					
44					
45					
46					
47					
48					
49					
50					
51					
52					
53					
54					
55					
56					
57					
58					
59					
60					

	Date	Description of Expense	Category	Amount	Payment Type
61					
62					
63					
64					
65					
66					
67					
68					
69					
70					
71					
72					
73					
74					
75					
76					
77					
78					
79					
80					
81					
82					
83					
84					
85					
86					
87					
88					
89					
90					

EXPENSE TRACKER

	Date	Description of Expense	Category	Amount	Payment Type
91					
92					
93					
94					
95					
96					
97					
98					
99					
100					
101					
102					
103					
104					
105					
106					
107					
108					
109					
110					
111					
112					
113					
114					
115					
116					
117					
118					
119					
120					

CPSIA information can be obtained
at www.ICGtesting.com
Printed in the USA
LVHW050423140121
676450LV00011B/472